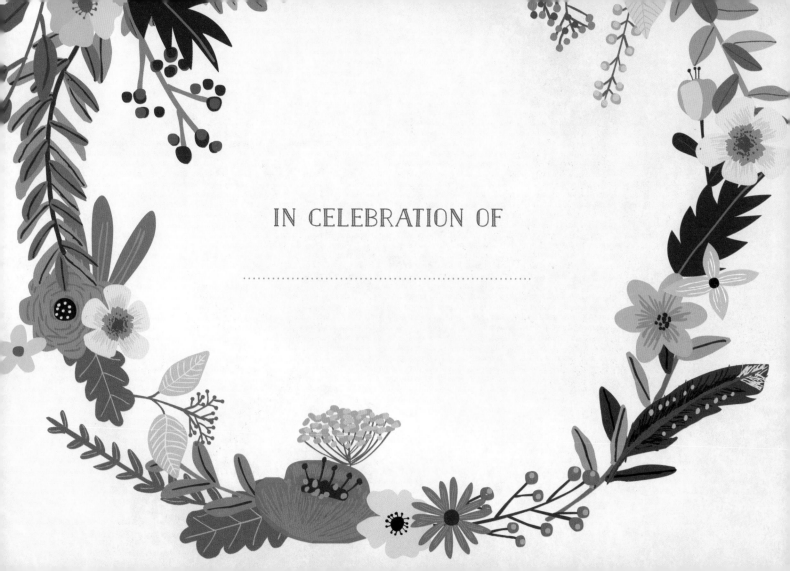

IN CELEBRATION OF

. . . .

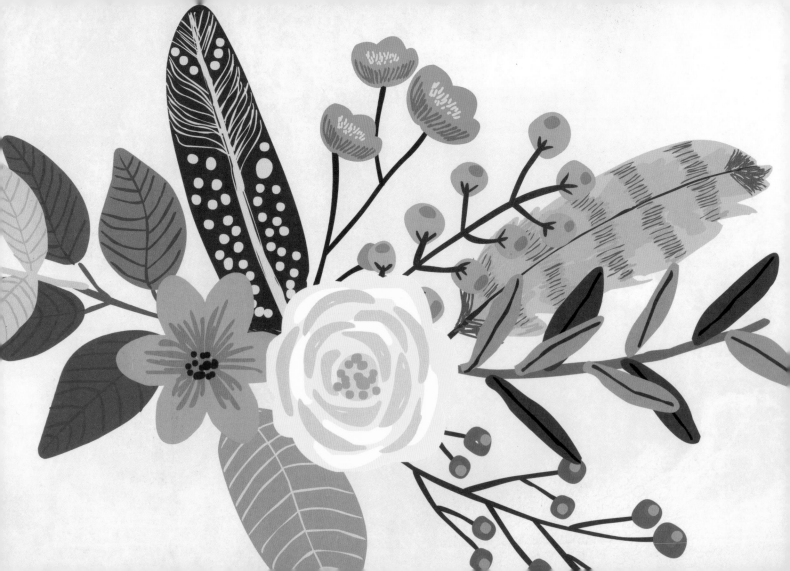

GUESTS

....

....

....

....

....

....

....

....

....

....

GUESTS

GUESTS

GUESTS

GUESTS

GUESTS

GUESTS

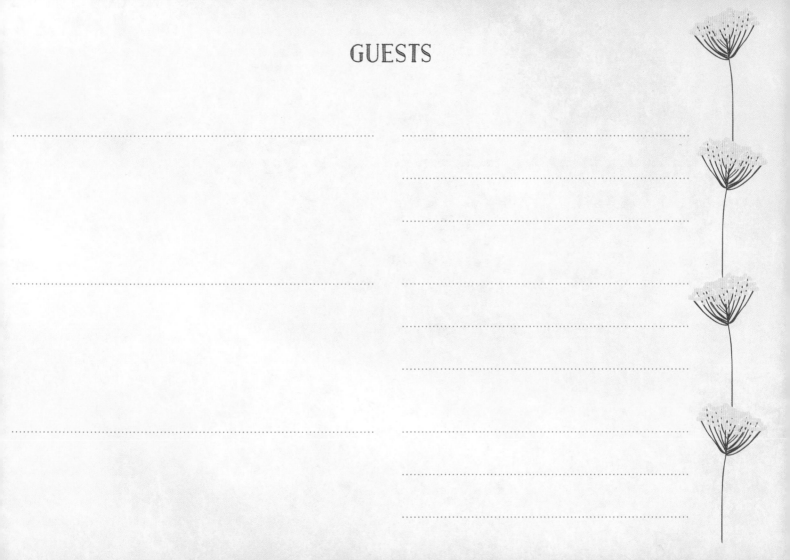

GUESTS

GUESTS

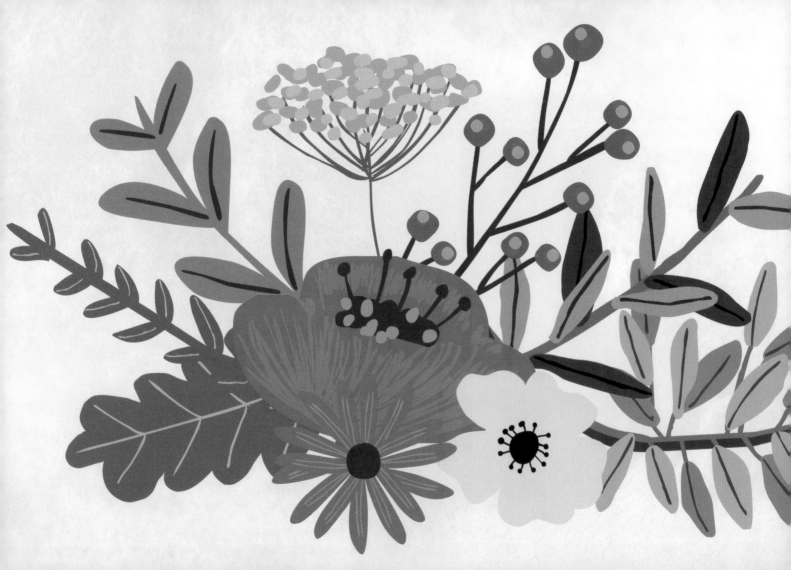

GUESTS

....

....

....

....

....

....

....

....

....

GUESTS

GUESTS

GUESTS

GUESTS

....

....

....

....

....

....

....

....

GUESTS

....

....

....

....

....

....

....

....

....

GUESTS

....

....

....

....

....

....

....

....

GUESTS

....

                                                            ....

                                                            ....

....

                                                            ....

                                                            ....

....

                                                            ....

                                                            ....

GUESTS

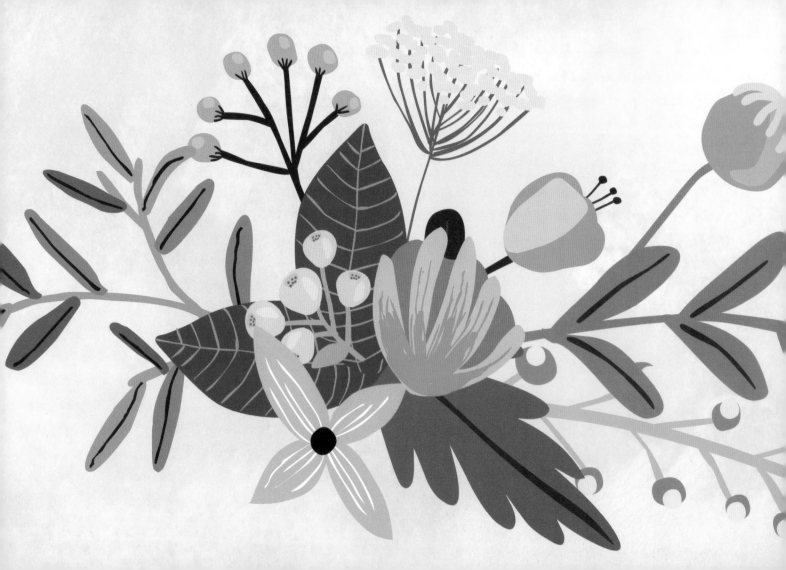

GUESTS

GUESTS

GUESTS

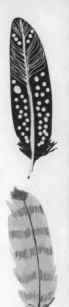

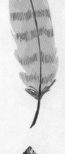

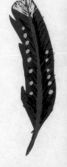

GUESTS

GUESTS

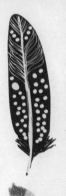

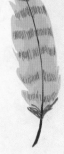

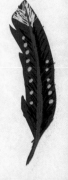

GUESTS

GUESTS

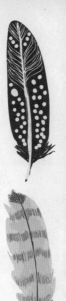

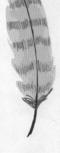

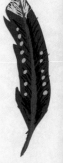

GUESTS

GUESTS

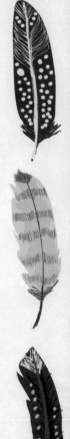

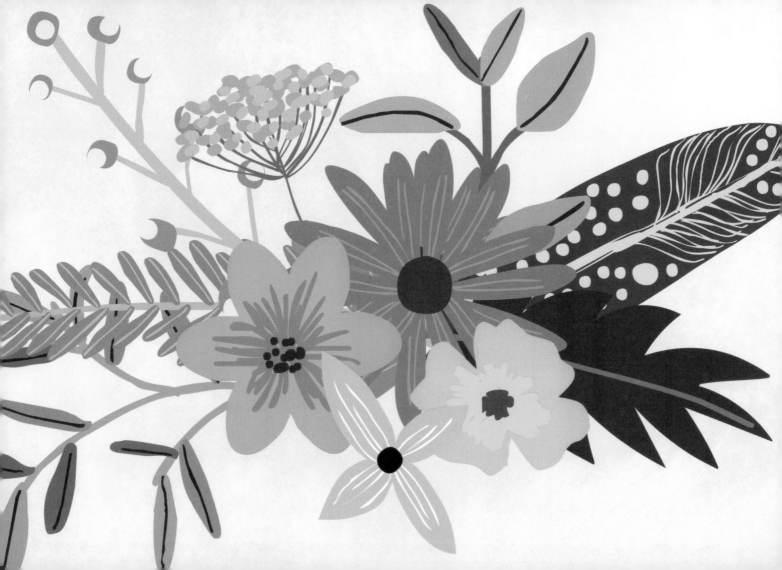

GUESTS

GUESTS

....

....

....

....

....

....

....

....

....

GUESTS

....

                                    ....

                                    ....

....

                                    ....

                                    ....

....

                                    ....

                                    ....

GUESTS

....

....

....

....

....

....

....

....

GUESTS

....

....

....

....

....

....

....

....

....

GUESTS

....

....

....

....

....

....

....

GUESTS

....

....

   ....

   ....

....

   ....

   ....

....

   ....

GUESTS

....

....

....

....

....

....

....

....

GUESTS

....

                                                                  ....

                                                                  ....

....

                                                                  ....

                                                                  ....

....

                                                                  ....

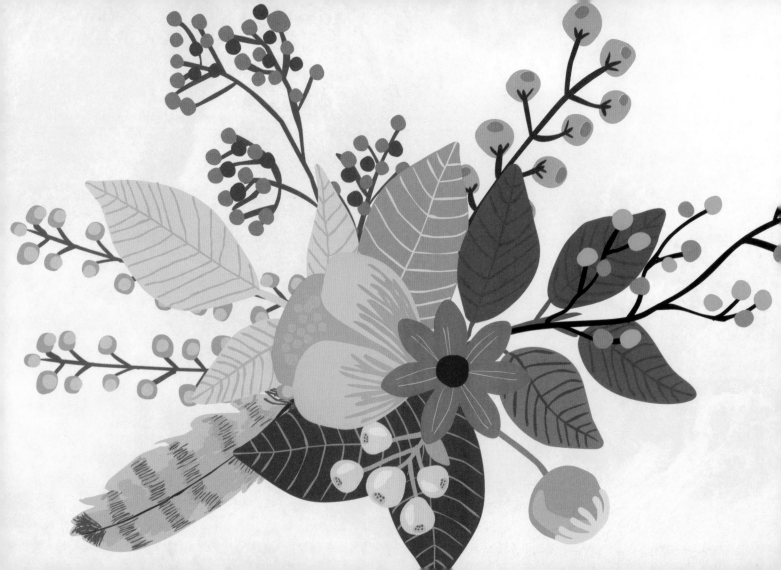

GUESTS

GUESTS

GUESTS

GUESTS

GUESTS

GUESTS

GUESTS

GUESTS

GUESTS

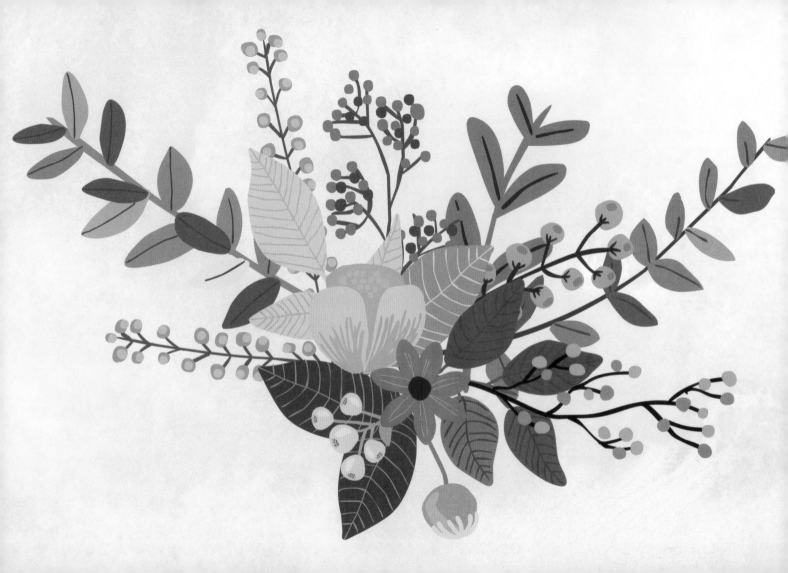

GUESTS

GUESTS

....

....

....

....

....

....

....

GUESTS

....

                    ....

                    ....

....

                    ....

                    ....

....

                    ....

GUESTS

GUESTS

....

....

....

....

....

....

....

....

....

....

GUESTS

GUESTS

....

....

....

....

....

....

....

....

GUESTS

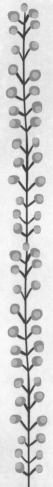

GUESTS

....

                                                                 ....

                                                                 ....

....

                                                                 ....

....

                                                                 ....

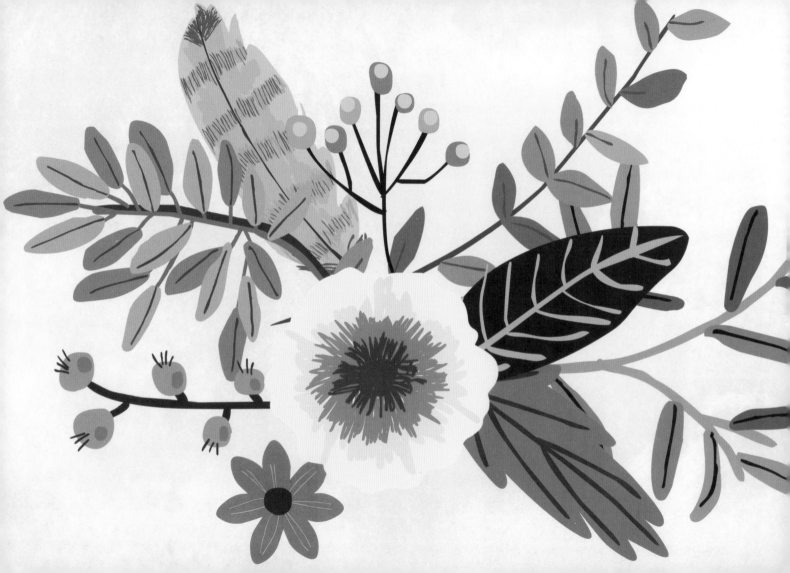

GUESTS

GUESTS

GUESTS

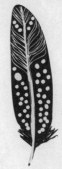

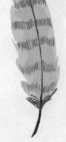

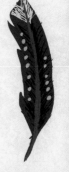

GUESTS

GUESTS

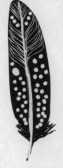

....

....

....

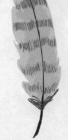

....

....

....

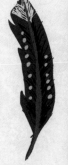

....

....

GUESTS

GUESTS

....

....

....

....

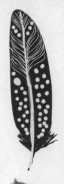

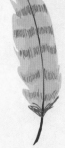

GUESTS

GUESTS

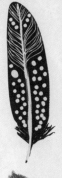

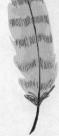

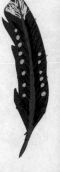

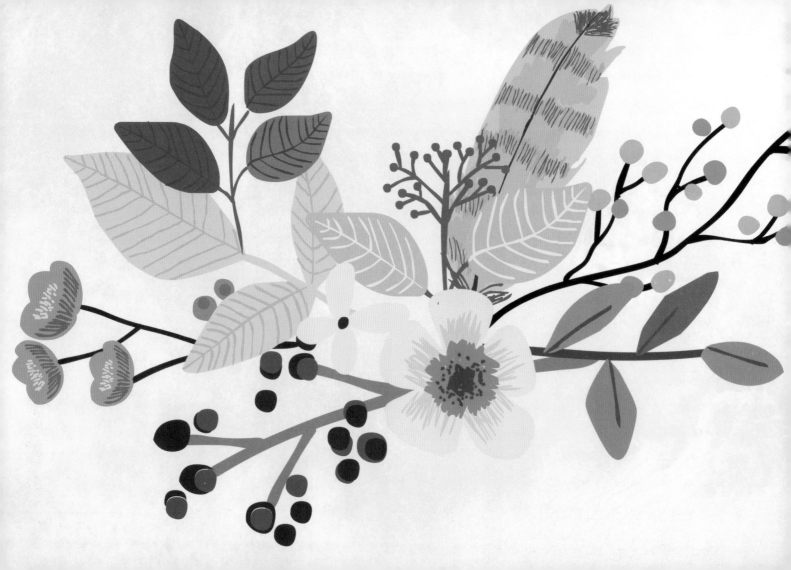

GUESTS

GUESTS

GUESTS

....

....

....

....

....

....

....

....

....

....

GUESTS

....

....

....

....

....

....

....

....

GUESTS

GUESTS

....

....

....

....

....

....

....

....

GUESTS

....

....

....

....

....

....

....

....

GUESTS

....

                                                            ....

                                                            ....

....

                                                            ....

                                                            ....

....

                                                            ....

GUESTS

....

....

....

....

....

....

....

....

....

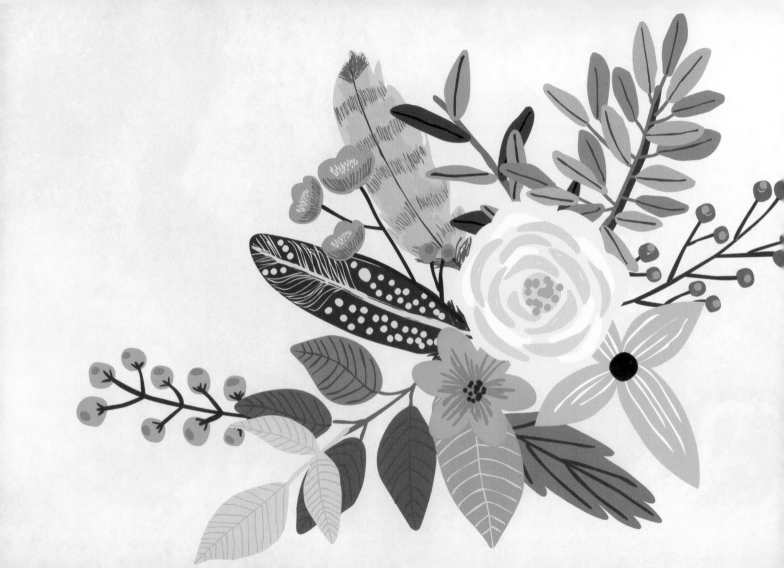

GUESTS

·   ·

· ·

· ·

·   ·

· ·

· ·

·   ·

· ·

· ·

GUESTS

GUESTS

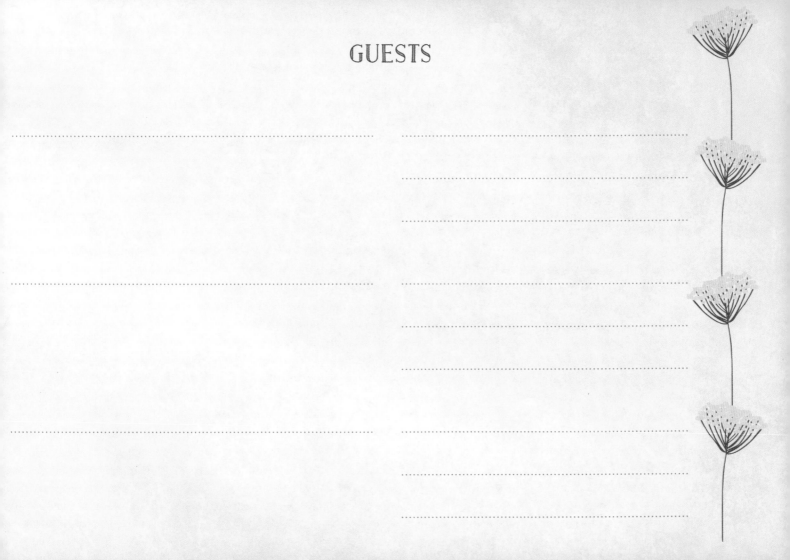

GUESTS

GUESTS

GUESTS

GUESTS

....

....

....

....

....

....

....

....

....

....

GUESTS

GUESTS

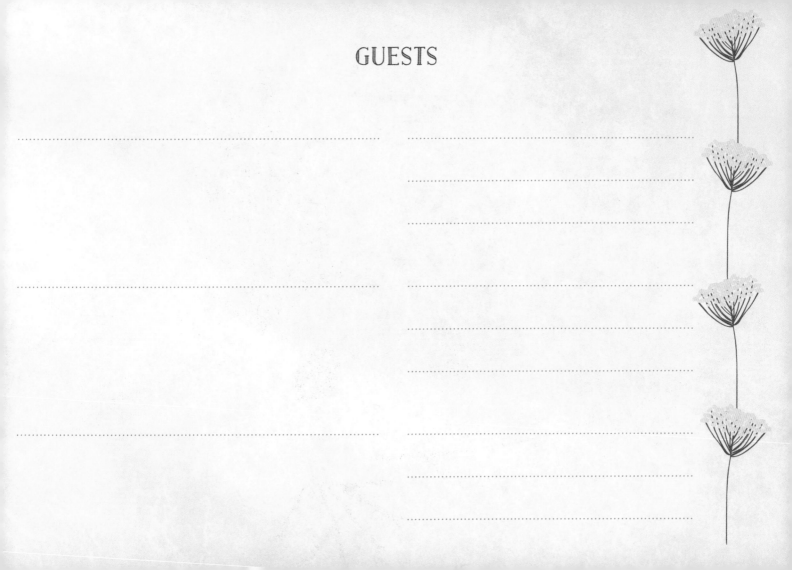

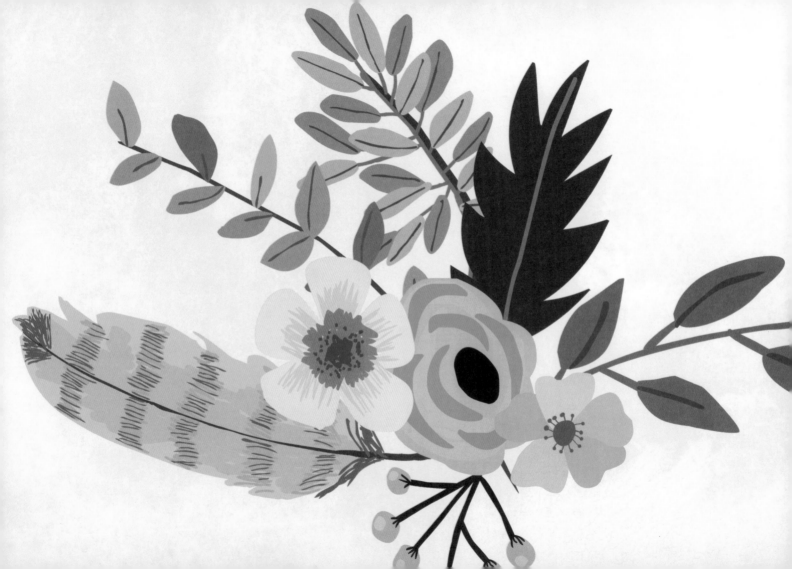

GUESTS

....

....

....

....

....

....

....

....

....

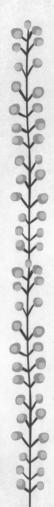

GUESTS

....

....

....

....

....

....

....

GUESTS

....

....

....

....

....

....

....

....

....

....

GUESTS

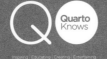

Brimming with creative inspiration, how-to projects, and useful
information to enrich your everyday life, Quarto Knows is a favorite
destination for those pursuing their interests and passions. Visit our
site and dig deeper with our books into your area of interest:
Quarto Creates, Quarto Cooks, Quarto Homes, Quarto Lives,
Quarto Drives, Quarto Explores, Quarto Gifts, or Quarto Kids.

© 2016 Rock Point Gift & Stationery
Artwork © 2016 Mia Charro
Design by Heidi North
Text © 2016 Quarto Publishing Group USA

First published in 2016 by Rock Point Gift & Stationery,
an imprint of The Quarto Group,
142 West 36th Street, 4th Floor
New York, NY 10018, USA
T (212) 779-4972 F (212) 779-6058
www.QuartoKnows.com

Rock Point titles are also available at discount for retail, wholesale, promotional, and bulk purchase. For details, contact the Special Sales Manager by email at
specialsales@quarto.com or by mail at The Quarto Group, Attn: Special Sales Manager, 401 Second Avenue North, Suite 310, Minneapolis, MN 55401 USA.

10

ISBN: 978-1-63106-193-6

Printed in China

MIX
Paper from
responsible sources
FSC® C008047
FSC
www.fsc.org